Impressum

Preysingstraße 97, 81667 München
E-Mail: info@katecheten-verein.de
Internet: www.katecheten-verein.de

Lektorat: Uwe Globisch

Gestaltung: Ilse Martina Schmidberger

Covergestaltung: Matthias Gast

Titelbild: Stephanie Hofschlaeger, pixelio.de

ISBN: 978-3-88207-401-7

Reden mit einem Freund

Gebete für Grundschulkinder und ihre Eltern

Liebe Gebetsbegleiter!

„Kann ich mit Gott reden wie mit meinem Freund?“, fragte mich ein Schüler im Religionsunterricht.

Beten ist - reden mit einem Freund.

Dieses Gebetbuch möchte Ihren Kindern diese Gebetserfahrung vermitteln. Sorgen, Ängste, Freuden und Leid eines Tages gehören in unsere Gebete.
Kinder brauchen Hilfe, diese Erfahrungen in Worte zu fassen.
In jedem Gebet kommt das Kind zu Wort.

Die vorgegebenen Satzanfänge ... können beendet werden.

Die Sprechblasen mit eigenen Erlebnissen gefüllt werden.

Nicht nur von den Kindern!
Auch Sie dürfen in diesen Dialog eintreten.

So werden die Gebete lebendig, wenn sie gefüllt werden mit den Erfahrungen und Erlebnissen des Tages.

Wenn sie beendet werden mit den Wünschen und Träumen der Kinder.
Wenn sie weiterwirken im Dialog zwischen Gott und Mensch.
Nehmen Sie sich am Abend Zeit für Ihr Kind und für diese Erfahrung.

Die Gebete dieses Buches begleiten Sie mit Ihrem Kind durch den Monat und werden auch im nächsten Monat wieder aktuell sein, da kein Tag wie der andere ist. Der beste Zeitpunkt ist der Abend, wenn Eltern und Kinder Ihr Tagwerk zu Ende bringen und Zeit füreinander haben.

„Jesus will dein Freund sein in guten und in schlechten Tagen. Nimm ihn an deine Hand, dann können kein Stein und kein Fels dich erschüttern."

Monika Sander

Als Kinderbibel empfehle ich: Irmgard Weth, Neukirchener Kinder-Bibel, mit Bildern von Kees de Kort, Kalenderverlag, Neukirchen 2011 (ca. 14,90 Euro)

An die Kinder!

Hallo, im Religionsunterricht wurde ich gefragt:
„Kann ich mit Gott reden wie mit meinem Freund?“

„Ja sicher!“, habe ich geantwortet.
„Gott möchte dein Freund sein und mehr von dir erfahren.“

Du darfst ihm erzählen von deinen Freuden, Sorgen, Ängsten und Fragen.

Du darfst mit ihm lachen und weinen, mit ihm schimpfen und dich mit ihm freuen.

Du darfst ihm deine Erlebnisse des Tages erzählen, an die du dich gerne oder nicht so gerne erinnerst.

Vielleicht schaffst du es ja, jeden Tag alleine oder mit deinen Eltern/deiner Mutter/deinem Vater oder einem anderen Erwachsenen zu beten, mit Gott zu sprechen.

Erscheinen im Gebet diese Sprechblasen, kannst du von dir erzählen.

Die Gebete dieses Buches helfen dir, mit Gott an jedem Tag eines Monats ins Gespräch zu kommen.

Freundschaft

Lieber Gott,
am Ende dieses Tages will ich mit dir reden.
Ich bin heute vielen Menschen begegnet.

Einige davon kenne ich nicht so gut,
andere sind **meine Freunde**.
Wir haben gespielt und gelacht.

Viel Freude hatte ich heute mit ...

Wir haben Folgendes
erlebt: Ich erzähle
dir davon ...

Heute Abend möchte ich besonders
an diesen Menschen denken.

Sei du bei uns heute Nacht
und lass uns noch viele schöne Erlebnisse
zusammen haben.
Amen.

Schöpfung

Lieber Gott,
du hast alles geschaffen,
was auf unserer Erde ist.

Pflanzen, Tiere und Menschen
kommen von dir.
Jeden Tag freue ich mich
über diese schöne Welt.
Immer wieder entdecke ich neue Sachen,
die mein Leben schöner machen.

Mein Lieblingstier heißt ...

Meine Lieblingsfrucht heißt ...

Meine Lieblingspflanze heißt ...

Danke, dass ich mich immer wieder an ihnen erfreuen
kann und sie die Welt so bunt machen.

Gute Nacht, lieber Gott,
und pass auf deine Schöpfung gut auf!

Meine Lieblings-geschichte von Jesus

Lieber Gott,
in der Bibel stehen viele Geschichten über Jesus.

Es wird über die Erlebnisse vieler Menschen berichtet, die mit Jesus gegangen sind.

Im Religionsunterricht, in der Kirche und von meinen Eltern habe ich viel über Jesus gehört.

Meine Lieblingsgeschichte von ihm ist ...

Ich will dir davon erzählen ...

(Falls du sie nicht genau erzählen kannst, bitte einen Erwachsenen, sie dir noch einmal aus der Bibel vorzulesen. Oder frage ihn nach seiner Lieblingsgeschichte.)

Wir können viel **von Jesus lernen.**

In seinen Geschichten erfahren wir, wie er gelebt hat und wie er mit den Menschen umgegangen ist.

Danke für deinen Sohn.
Amen.

Die Zeit vergeht

Schon wieder ist es Abend, **lieber Gott.**

Die Tage gehen manchmal so schnell vorbei.
Besonders, wenn man etwas Schönes erlebt,
vergeht die Zeit viel zu schnell.

Wenn ich mit meinen Freunden spiele oder wir etwas Spannendes unternehmen, ist der Tag zu schnell vorbei.

Heute hätte ich gerne noch länger … gemacht.

Da wünsche ich mir manchmal **mehr Stunden.**

Morgen kommt ein neuer Tag, und
da kann ich wieder viele Dinge machen,
bei denen die Zeit schnell vergeht.

Ich freue mich morgen besonders auf …

Bleibe bei mir und bei allen,
die ich gern habe.
Amen.

Streit mit einem Freund

Lieber Gott,
viele Stunden, die du uns heute geschenkt hast,
waren schön.

Ich habe viel Freude gehabt, gelernt, gespielt und mit anderen Kindern geredet.

Aber es sind nicht nur gute Worte gefallen.
Ich hatte auch Streit.

Heute habe ich mich gestritten mit ...

Ich erzähle dir davon ...

Das war kein schönes Erlebnis.
Gut, dass ich dir davon erzählen kann.
Da geht es mir **schon viel besser.**

Halte deine Hand über mich und die Person, mit der ich Streit hatte.
Amen.

Helfen wie Jesus

„Einmal kam ein Mann zu Jesus,
der Jairus hieß. Er war weit gelaufen,
denn seine Tochter war sehr krank.
‚Bitte, hilf mir', flehte er Jesus an." *

Lieber Gott,
Jesus hat vielen Menschen geholfen,
auch der Tochter des Jairus.
Kranke wurden von ihm geheilt.
Blinde machte er sehend.
Gelähmte konnten mit seiner Hilfe wieder gehen.
Hungernde bekamen von Jesus zu essen.

Wenn ich **anderen Menschen helfe**, macht es auch mich glücklich und zufrieden.

Ich handle so, wie Jesus es getan hat.

Ich erzähle dir davon,
wem ich heute
geholfen habe ...

Es tut gut, wenn andere sich über mich freuen.

Gute Nacht!

* Die ganze Geschichte findest du in der Bibel, im Evangelium des Markus, Kap. 5 (ab Vers 21)

Freundlich sein

Lieber Gott,
ich hatte heute eigentlich einen schönen Tag.
Ich bin vielen freundlichen Menschen begegnet.

Am nettesten war heute zu mir ...

Dieser Mensch ist ...

Ich war heute freundlich zu ...

Ich erzähle dir davon ...

Die Tage sind viel schöner, wenn die Menschen nett zueinander sind und sich freundlich begegnen.

Für den morgigen Tag nehme ich mir vor, jemandem etwas Gutes zu tun.

Hilf mir dabei, bis morgen.

DANKE!

Danke sagen

Lieber Gott,
ein Tag ist vergangen und ich hatte
keine Zeit dir zu danken.

Erwachsene sagen immer, die Zeit vergeht so schnell.
Aber Kinderzeit vergeht auch schnell.

Ich muss zur Schule, mache meine Hausaufgaben, soll helfen, will spielen und mich mit Freunden treffen.

Da bleibt kaum Zeit **DANKE** zu sagen.

Es ist gut, dass ich jetzt einen Moment überlegen kann, wofür ich heute besonders dankbar war.

Ich danke für …

Sonst wäre mein Leben nicht so schön!
Gute Nacht!

Neidisch sein

Wenn andere Kinder neue Sachen bekommen
oder jemand etwas besonders gut kann,
dann bin **ich oft neidisch,**
lieber Gott.

Ich weiß, ich sollte mich darüber freuen,
dass jemand etwas Schönes bekommen hat oder
andere dafür loben, dass sie etwas so gut können.

Aber das kann ich nicht immer.
Besonders wenn mir ein Wunsch nicht erfüllt wird oder
ich etwas nicht so gut kann, fällt es mir schwer.
Dann bin ich neidisch und reagiere oft falsch.

Lieber Gott, ich will dir erzählen, worauf ich im Moment
besonders neidisch bin.

Ich bin neidisch
auf ...

Es ist gut, **wenn ich mit dir reden kann.**
Beim nächsten Mal denke ich an unser Gespräch.
Gute Nacht!

Der barmherzige Samariter

In der Bibel, im Neuen Testament, finden wir die Geschichte vom „Barmherzigen Samariter".

> Hier wird von einem Mann erzählt, der überfallen wurde. Man raubte ihn aus und ließ ihn dann verwundet am Straßenrand liegen. Die ersten beiden Menschen, die vorbei kamen, kümmerten sich nicht um den hilfsbedürftigen Mann. Keine Hilfe und keine Beachtung für den Verwundeten. Erst der dritte Reisende half dem Verletzten, behandelte seine Wunden und brachte ihn in Sicherheit.*

In meiner Umgebung gibt es auch Menschen, die **meine Hilfe brauchen.** In der Schule, zu Hause und bei meinen Freunden treffe ich immer wieder Menschen, die Hilfe nötig haben.

Wer braucht in der Schule oder in meiner Familie meine Hilfe?

Lieber Gott, schenke mir ein offenes Ohr und **helfende Hände, die für andere da sind.**

---

* Die ganze Geschichte findest du in der Bibel, im Evangelium des Lukas, Kap. 10 (ab Vers 25)

Lachen und fröhlich sein

Lieber Gott,
danke, dass du uns das Lachen und
die Freude geschenkt hast.

Es gibt nichts Schöneres als lachende Menschen, die ihre Freude weitergeben.

Jeder Streit kommt durch ein nettes Lächeln zu einem Schluss. Jede schlechte Note ist durch ein Lächeln meiner Eltern nur halb so schlimm. Jede Verletzung, jeder Schmerz wird durch einen Witz zur Nebensache.

Menschen, die lachen, erzählen von Gottes Freundlichkeit.
Heute habe ich gelacht über/mit …

Ich hatte viel Spaß, und es hat sehr gut getan.
Zum Schluss erzähle ich dir noch meinen Lieblingswitz.

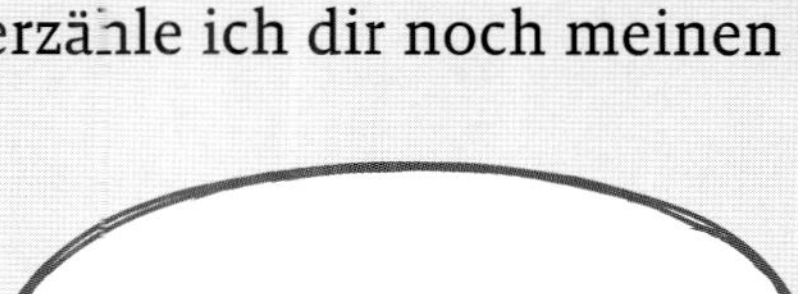

Danke für das Lachen und die Fröhlichkeit!

Beste Freunde

Lieber Gott,
dein Sohn Jesus hatte viele Freunde.

Sie haben ihn begleitet auf seinen Reisen durch das Land Israel. Sie haben seine Geschichten gehört und weitererzählt.
Sie haben ihm geholfen und mit ihm gelacht und geweint.

Ich habe auch einen besten Freund/eine beste Freundin.

Sie/Er heißt ...

Ich finde an ihr/an ihm besonders toll, dass ...

Beschütze auch ... in dieser Nacht und schenke uns noch viele schöne gemeinsame Erlebnisse.

Gute Nacht, lieber Gott!

Freizeit

Lieber Gott,
es gibt viele Sachen, die ich gerne mache.
In meiner Freizeit beschäftige ich mich

am liebsten mit ...

Leider habe ich zu wenig Zeit dafür.

Viel Zeit verbringe ich in der Schule.
Ich weiß, Schule ist wichtig, weil ich viel lernen muss.
Manchmal fällt es mir aber schwer.

Da ärgere ich mich über die Lehrer, über Noten
und die vielen Hausaufgaben.

Wenn ich etwas abschaffen könnte, **wären es ...**

Morgen werde ich mir Zeit nehmen **für ...**

Da denke ich an dich!
Amen.

Ruhig einschlafen

Lieber Gott,
wieder ist ein Tag vergangen.

Die Nacht bricht an. Die Dunkelheit kommt.

Jetzt kann ich schlafen und mich ausruhen von den Erlebnissen dieses Tages.

„Morgen sieht die Welt schon ganz anders aus“,
sagen die Erwachsenen immer.

Kummer, Streit und Ärger fühlen sich morgen schon ganz anders an.

Heute hatte ich ein Erlebnis,
über das ich noch einmal sprechen will.

Das ist passiert …

Jetzt kann ich ruhig einschlafen,
denn du kennst meine Geschichte.

Bleibe bei uns in dieser Nacht.
Amen.

Sich um andere kümmern, die alleine sind

Jesus, du warst ein ganz besonderer Mensch.

Die Geschichten im Neuen Testament
erzählen uns aus deinem Leben.
Du kümmerst dich um Kranke und
Ausgeschlossene und isst mit den Menschen,
von denen sonst niemand etwas wissen will.

Das bewundere ich sehr, denn mir fällt es schwer, mich um
die zu kümmern, die irgendwie nicht dazu gehören.

Ich kenne auch ein Kind.
Es ist oft allein und sieht traurig aus.
In den Pausen hat es niemanden, mit dem es spielen kann.
Ich möchte mit ihm nicht tauschen.

Ich denke an ...

Für morgen nehme ich mir vor,
das Kind nicht aus den Augen zu verlieren.
Vielleicht kann ich ihm helfen
oder mit ihm in der Pause spielen.

Der blinde Bartimäus

In der Bibel gibt es eine Geschichte von einem Blinden.
Bartimäus heißt der Mann.
Täglich saß er am Straßenrand und war auf die Spenden von anderen Menschen angewiesen.

Bartimäus hörte, dass Jesus in Jericho ist und rief ihm laut zu:

„Jesus, hab Erbarmen mit mir!“

Jesus ließ Bartimäus zu sich kommen und erfüllte ihm seinen Wunsch, wieder sehen zu können.*
Das Vertrauen, das Bartimäus zu Jesus gehabt hat, hat ihm geholfen.

Ich vertraue dir auch, lieber Gott.
Ich weiß, dass du bei Tag und bei Nacht deine schützende Hand über mich hältst.

Beschütze heute Nacht alle, die ich lieb habe.
Amen.

---

* Die ganze Geschichte findest du in der Bibel, im Evangelium des Markus, Kap. 10 (ab Vers 46)

Mit Jesus gehen

Lieber Gott,
dein Sohn Jesus hat Menschen gesucht, die mit ihm gehen.
Freunde, auf die er sich verlassen kann.

So sprach er die Menschen direkt an:
„Willst du nicht mit mir gehen?"
Viele Menschen haben sofort ihre Arbeit liegen lassen
und haben sich mit Jesus auf den Weg gemacht.
Ganz schön mutig!

Ich weiß nicht, was ich Jesus gesagt hätte, wenn er mich gefragt hätte, mit ihm zu gehen.

Ich denke an alle Menschen,
die täglich für Jesus unterwegs sind.

Sei du bei ihnen.
Amen.

Wichtiges im Leben

Das Wichtigste in meinem Leben.
Was ist das eigentlich, lieber Gott?
Ist es ein Mensch, ist es ein Gefühl,
ist es ein Gegenstand, ist es ein Tier?

Was ist das Wichtigste in meinem Leben?
Ich möchte nicht ohne es leben.

Ich brauche es, damit ich mich freuen
und glücklich sein kann.

Was ist das
Wichtigste in
meinem Leben?

Das Wichtigste braucht meinen und deinen besonderen Schutz und **meine ganze Liebe.**

Beschütze uns in dieser Nacht
und pass auf mein „Wichtigstes“ auf!
Amen.

Nächstenliebe

Lieber Gott, in deinen Geboten, die du uns Menschen vor langer Zeit gegeben hast, sagst du uns:

Du sollst deinen Mitmenschen lieben wie dich selbst.

Das ist für mich nicht immer leicht, lieber Gott.
Besonders, wenn ich Streit mit einem Menschen habe oder mich über etwas ärgern muss.

Da fallen böse Worte,
da verhalte ich mich nicht immer richtig.

Heute fiel es mir besonders schwer,
meinen Nächsten zu lieben.

Ich will dir davon erzählen ...

Ich nehme die Geschichte heute mit in mein Gebet.
Beschütze uns in dieser Nacht.
Amen.

Genug zu Essen

Ich habe alles, was ich zum Leben brauche,
lieber Gott.

Genug Essen, Spielzeug, Freunde, und
ich darf zur Schule gehen und lernen.

Es gibt viele Menschen auf deiner Welt,
denen es nicht so geht.

Mir tun die Kinder leid, die hungern müssen,
die keine Eltern haben oder schon früh arbeiten müssen,
damit sie leben können.

Heute haben viele Menschen für mich gesorgt,
damit es mir gut geht.

Danken möchte ich heute Abend besonders für das Essen,
dass mir jeden Tag bereitet wird.

Am liebsten esse ich ...

Das könnte es jeden Tag bei uns geben.

Heute Abend danke ich besonders den Menschen, die jeden
Tag für mich sorgen.

Enttäuscht von anderen

Lieber Gott,
manchmal sind wir von Menschen enttäuscht,
weil sie uns weh getan haben.

Jesus wurde zum Tode verurteilt, weil sein Freund Judas ihn an die Soldaten verraten hatte.
Jesus war sicherlich sehr traurig über diesen Verrat.

Mir passiert es auch immer mal wieder,
dass ich von meinen Freunden, Geschwistern
oder Eltern enttäuscht werde.

Ich erinnere mich da an folgende Geschichte:

Ich erzähle
sie dir ...

Es ist wichtig, dass ich dann mit dem Menschen rede,
der mich traurig gemacht hat.

Gib mir Kraft dazu, damit ich die richtigen Worte finde.
Amen.

Fan von Jesus

In der Schule sagen viele Kinder:
„Ich bin Fan von ..."
**Kann man eigentlich auch
Fan von Jesus sein?**

Der hat es doch wirklich verdient.
Ich weiß nicht, ob er ein guter Sportler war
oder gut singen konnte.

Ich weiß nur, dass er ein besonderer Mensch war, der sich
um die Armen, Kranken und Verzweifelten gekümmert hat.

Heute Abend will ich dir erzählen,
von wem ich ein großer Fan bin:

Ich bin Fan von ...

Jesus hat mir gezeigt,
wie ich mit meinen Mitmenschen umgehen soll.

Auch von ihm bin ich ein Fan!
Gute Nacht!

Ein besonderer Mensch

Ich gebe mir jeden Tag viel Mühe gut zu sein,
lieber Gott.

Das ist manchmal ganz schön schwer.
Immer wieder gibt es Ärger, in der Schule,
zu Hause oder mit Freunden.
Wenn mich jemand ärgert,
wie kann ich da freundlich bleiben?
Wenn mir jemand etwas wegnimmt, da werde ich wütend.
Wenn ich mich ungerecht behandelt fühle,
da könnte ich schreien.

Da gab es heute auch so eine Situation, die hat mich ganz schön aufgeregt.

Ich will dir davon erzählen …

Das Tolle ist, dass ich dir alles erzählen kann,
und für dich bleibe ich ein besonderer Mensch.
Danke!

Der perfekte Mensch

Es gibt so viele unterschiedliche Menschen auf dieser Welt.

Gott hat sie einzigartig geschaffen, kein Mensch gleicht einem anderen Menschen.

Männer, Frauen, Jungen, Mädchen, Große, Kleine, Dicke, Dünne, Kranke, Gesunde, Starke, Schwache, Dumme und Schlaue, alle sind deine Kinder.

Ich freue mich, dass du alle Menschen liebst,
auch wenn sie nicht perfekt sind.
So ganz perfekt bin ich auch nicht.

Ich kann nicht gut ...

Ich mag nicht ...

Du liebst alle Menschen und ich weiß genau:

UND GANZ DOLL MICH.

Mein Schutzengel

Erwachsene reden immer vom Schutzengel!

Habe ich auch einen Schutzengel, lieber Gott?

Der mich bewacht bei Tag und bei Nacht?

Der bei mir ist, wenn ich lache, und
sieht, wenn ich traurig bin?

Er ist immer da, auch wenn ich in Gefahr bin.

Ich möchte meinem Schutzengel einen Namen geben.

Er soll ... heißen.

Hier kannst du seinen Namen eintragen:

____

Mein Schutzengel hat manchmal bei mir
ganz schön viel zu tun.

Pass auf, dass er immer auf mich achtet!
Gute Nacht!

Segen

Lieber Gott,
am Ende dieses Tages bitte ich dich um deinen Segen.

Jesus, so steht es in der Bibel, hat die Kinder gesegnet. „Lasst doch die Kinder zu mir kommen!“, hat Jesus gesagt. Und dann hat er den Kindern die Hand auf den Kopf gelegt und sie gesegnet.

Dein Segen gibt mir Schutz und Kraft.

Im Moment brauche ich Schutz und Kraft für …

Es wird mir gleich jemand seine Hand auf meinen Kopf legen, wie Jesus es getan hat und mich segnen.

Das gibt mir Kraft für eine gute Nacht
und für den morgigen Tag.
Amen.

Ohren, Mund und Nase

Lieber Gott, ich bin, wie ich bin!

Ich habe einen Kopf, zwei Ohren und einen Mund,
eine Nase, zwei Hände und zwei Füße.

Du hast mich wunderbar geschaffen und
dafür danke ich dir.

Mit meinen Ohren höre ich am liebsten ...

Mit meinem Mund spreche ich am liebsten mit ...

Mit meiner Nase rieche ich am liebsten an ...

Mit meinen Händen mache ich am liebsten ...

Mit meinen Füßen gehe ich am liebsten ...

Hilf mir bei allem, was ich tue,
das Gute vom Bösen zu unterscheiden.

Beschütze uns in dieser Nacht!
Amen.

Wichtige Menschen beschützen

Jesus, in deinem Leben gab es viele Menschen,
um die du dich besonders gekümmert hast.
Sie waren wichtig für dich.

Ich habe auch Menschen,
die für mich wichtig sind:
meine Eltern und Geschwister,
meine Freunde und meine Lehrer.

Sie alle gehen mit mir durch mein Leben
und dafür danke ich dir.

Im Moment ist (sind) mir besonders wichtig ...

Ohne sie könnte ich nicht leben.

Ich will sie in dieses Gebet hineinnehmen,
damit du auch bei ihnen bist
und deine Hand über sie hälst.

Beschütze uns!

4

Zachäus, den keiner mag

In Jericho lebte ein Mann mit dem Namen Zachäus. Er war Zöllner von Beruf. Jeden Tag musste er am Stadttor Geld von den Menschen kassieren. Die Zöllner waren zur Zeit Jesu sehr unbeliebt, da sie oft Betrüger waren. Zachäus war auch so ein Betrüger und die Menschen mochten ihn nicht. Gerade diesen Zachäus wollte Jesus besuchen und mit ihm essen. Die Menschen ärgerte es, dass Jesus zu Zachäus ins Haus ging.*

Lieber Gott, Jesus hat sich oft um die Menschen gekümmert, die keiner mag, die ausgegrenzt werden, die allein sind.
Ich kenne auch ein Kind, das keiner mag; einen Menschen, den keiner mag.

Ich denke an ...

Hilf mir dabei,
dass ich morgen diesen Menschen nicht vergesse.
Eine gute Nacht!

---

* Die ganze Geschichte findest du in der Bibel, im Evangelium des Lukas, Kap. 19

Das Wetter

Lieber Gott, das Jahr hat viele Gesichter.
Den Frühling, den Sommer, den Herbst
und den Winter.

Zurzeit haben wir ...

Ich liebe den ...

Da kann man so schön ...

Auch das Wetter ist in jeder Jahreszeit anders.
Es gibt Regen, Schnee, Sonnenschein, Wind,
Hagel und Donner.

Mir gefällt natürlich am meisten ...

Aber auch wenn es regnet, bin ich nicht traurig, denn ich
weiß, dass die Pflanzen das Wasser zum Leben brauchen.

Alles hat seinen Sinn und alles ist wichtig,
damit alle sich wohl fühlen.

Lieber Gott, sei bei uns und bei allen,
die dich brauchen.

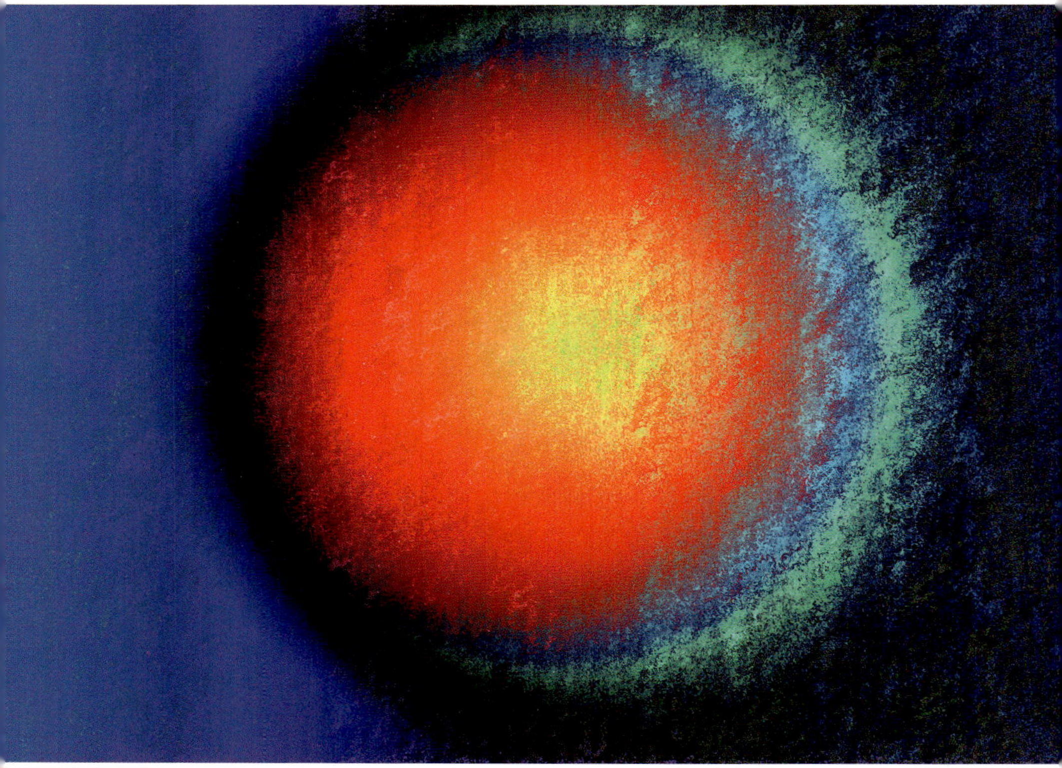

Zeit

In der Bibel heißt es:
„Alles hat seine Zeit“

Lieber Gott, in meinem Leben gibt es viele Zeiten:

Zeit zum Reden

Zeit zum Lachen

Zeit zum Weinen

Zeit zum Spielen

Zeit zum Lernen

Zeit zum Helfen

Zeit für Andere

Zeit für MICH

Ich hätte gerne mehr Zeit für ...

Am liebsten verbringe ich im Moment meine Zeit mit ...

Ich danke dir für meine Zeit
und freue mich auf den morgigen Tag.
Amen.

Eltern

Lieber Gott,
ich freue mich, dass ich
in einer Familie leben darf.

Meine Eltern (mein Vater/ meine Mutter) sorgen für mich.

Mit meinen Problemen, meinen Sorgen und
meiner Angst kann ich zu ihnen kommen.
Gut, dass wir Kinder nicht alleine sind.

Leider gibt es manchmal Streit zwischen mir und meinen Eltern. Ich will dir von unserem letzten Streit erzählen:

Das war so …

In der Bibel wird berichtet, dass auch Jesus Ärger mit seinen Eltern hatte, weil er zu lange in einem Tempel geblieben ist.*

Wichtig ist, dass meine Eltern und ich uns nach jedem
Streit wieder in den Arm nehmen können.
Amen.

---

* Die ganze Geschichte findest du in der Bibel, im Evangelium des Lukas, Kap. 2 (ab Vers 41)

Quellenverzeichnis

Bilder:

Acker, Jürgen/pixelio: Der blinde Bartimäus; Freundlich sein; Ohr, Mund und Nase; Ruhig einschlafen; Segen; Sich um andere kümmern, die alleine sind

Altmann, Gerd/pixelio: Der barmherzige Samariter

Dehn, Hans-Peter/pixelio: Das Wetter

H., Alexandra/pixelio: Freundschaft

Hofschlaeger, Stephanie/pixelio: Danke sagen; Ein besonderer Mensch; Einleitung; Eltern; Enttäuscht von anderen; Fan von Jesus; Freizeit; Lachen und fröhlich sein; Mein Schutzengel; Nächstenliebe; Streit mit einem Freund

Kapp, Lilo/pixelio: Genug zu Essen

knipseline/pixelio: Wichtige Menschen beschützen

Kzenon/fotolia: Neidisch sein

Leipold, Norbert/pixelio: Der perfekte Mensch

Meyer, Sabine/pixelio: Beste Freunde

Mildenberger, Viktor/pixelio: Meine Lieblingsgeschichte von Jesus

Mohr, Oliver/pixelio: Schöpfung

Rotter, Jutta/pixelio: Helfen wie Jesus

Sterzl, Bernd/pixelio: Zeit

Sturm, Rainer/pixelio: Mit Jesus gehen; Zachäus, den keiner mag

wilhei/pixelio: Die Zeit vergeht